지구가 불타고 있다!
지금 당장 행동하라!
이제는 바뀌어야 한다!
환경오염 그만!

열여섯 그레타, 기후위기에 맞서다

To Ethan

미래를 바꾸는 소녀 환경 운동가

열여섯 그레타 기후위기에 맞서다

비비아나 마차 지음
엘리사 마첼라리 그림
이현경 옮김

우리학교

"어른들이 내 미래를 망쳤으니,
나도 선거일까지 기후 파업을 하겠습니다."

- 2018년 8월 20일 금요일, 그레타 툰베리

#기후파업
#기후를위한등교거부
#미래를위한금요일

저자의 말

그레타 툰베리는 여느 인기 연예인 못지않게 세계적으로 주목받는 스웨덴 고등학생입니다. 물론 그레타도 처음부터 유명한 사람이었던 것은 아닙니다.

2018년 여름, 그레타의 나라 스웨덴은 유례없는 폭염과 가뭄, 산불에 시달렸습니다. 이상기후로 인한 재해였지요. 그해 가을, 열다섯 살 소녀 그레타는 이미 상당히 진행된 기후변화를 막기 위해 대기로 배출되는 온실가스를 줄여야 한다고 주장하며 이른바 '기후를 위한 등교 거부'를 시작했습니다. 그리고 그 후 몇 달도 채 지나지 않아 수백만 청소년이 동참하는 전 세계 환경 운동의 리더가 되었습니다.

사실 그레타가 전하는 메시지는 과학자들이 오래전부터 여러 차례 경고해 왔음에도 세상이 귀 기울이지 않았던 내용입니다. 국제기구 IPCC(기후변화에 관한 정부간 협의체)는 어서 빨리 기후변화 대책을 마련하지 않으면, 21세기 말에는 지구 온도가 3~4도 이상 상승하게 될 거라고 예측했습니다.

지금 이 순간에도 그레타와 전 세계 청소년 활동가들의 싸움은 계속되고 있습니다. 어른들은 위기에 대응하는 행동을 하지 않았지만, 이들은 2100년에 지구에서 살아갈 미래 세대의 운명까지 생각하며 목소리를 높이고 행동하고 있습니다. 아직 투표권이 없고, 기후 정책을 결정하는 데 영향력을 행사할 수 없는 청소년인데도 말입니다.

그레타와 친구들은 지구에 닥친 위기를 넘어 우리 모두가 안전한 미래를 꿈꿉니다. 하지만 이 운동이 성공하려면 어른들의 도움이 절실하다는 사실도 잘 압니다. 그래서 그들은 거리로 나와 어른들을 기나긴 잠에서 깨우기로 했습니다.

이 책은 바로 그 시작과 여정을 담은 이야기입니다.

2019년 4월

비비아나 마차

차례

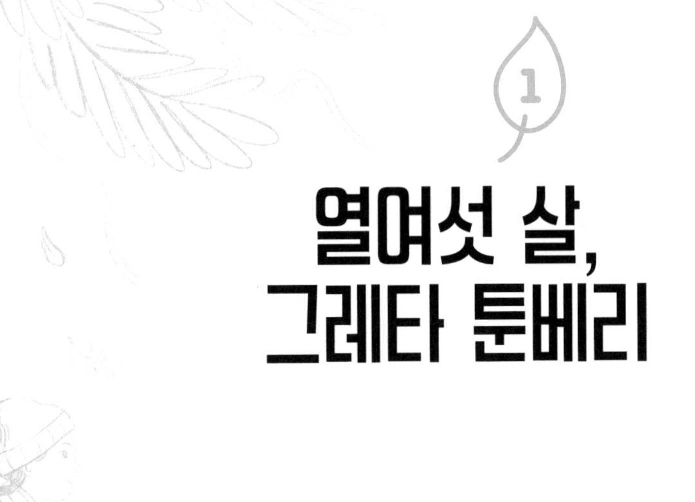

1

열여섯 살,
그레타 툰베리

그들이
우리의 미래를
훔쳐 갔습니다

"그레타가 누구야, 엄마?"

2019년 4월 19일 금요일 오전, 뜨거운 햇볕 아래에서 세 시간 가까이 누군가를 기다리던 아이가 곁에 선 엄마에게 물었다.

"저기 가운데 서 있는 조그만 여자아이야."

수천 명의 아이와 부모가 로마 포폴로 광장에 모여들어 그레타 툰베리의 연설을 기다리고 있었다. 어떤 이는 햇빛을 가리려 우산을 썼고, 거대한 풍선 아래 그늘로 들어가는가 하면 분수대 물로 뜨거운 팔과 이마를 적시는 사람도 있었다.

모두 그레타를 지지하는 사람들이었다. 그들은 한 스웨덴 소녀 덕분에 지금 당장 지구환경을 위해 나서야 한다는 사실을 알게 되었다.

시칠리아부터 프리울리에 이르기까지 이탈리아 각 지역에서 모인 청소년들은 포폴로 광장에 세워진 연단에 올라가 차례로 발언을 했다. 바로 기후위기 대책 마련을 요구하기 위한 청소년 집회 '미래를 위한 금요일(Fridays For Future)'에 참석한 십 대 활동가들이었다.

'미래를 위한 금요일' 연설에 사용하는 마이크와 확성기 전력은 오로지 자전거로 만들어졌다. 집회에 참석한 사람들이 128대의 자전거 페달을 밟으면 발전기에서 전력이 생산되었다.

드디어 머리를 두 갈래로 땋아 내린 십 대 소녀 그레타가 환호하는 군중 앞에 등장했다. 동그란 얼굴의 그레타는 또래 아이들보다 몸집이 작은 편이었지만, 진지한 표정 때문인지 훨씬 어른스러워 보였다. 열여섯 살 소녀의 눈빛은 단호하고 진중하며 날카로웠다.

그레타의 손에는 '기후를 위한 등교 거부'라는 문구가 적힌 낡은 피켓이 들려 있었다.

"안녕, 로마."

그레타는 작고 부드럽지만 단호한 목소리로 발언하기 시작했다.

"기후가 돌이킬 수 없을 만큼 변할 위태로운 상황까지 고작 11년이 남았습니다. 11년 뒤 저는 스물일곱 살이 됩니다. 제 동생 베아타는 스물네 살이 될 테고요. 우리 대부분이 이십 대가 될 것입니다. 좋은 나이라고들 말하겠죠.

인생의 황금기라고 불리는 시기니까요. 그러나 우리에게는 그리 아름다운 시절은 아닐 것이 분명합니다. 몇몇 사람이 상상도 할 수 없을 정도로 많은 이득을 취하기 위해서 우리의 미래를 팔아 버렸기 때문입니다. 그들이 우리의 미래를 훔쳐 갔습니다."

그레타는 사흘 전, 프랑스 스트라스부르에서 열린 유럽 의회에서 기후위기에 적극적으로 대비할 것을 촉구하는 연설을 마친 뒤 이탈리아 로마로 향했다. 이 여정에서 그레타는 대기를 오염시키는 이산화탄소 배출량이 높은 비행기 대신 기차를 탔다.

로마에 도착한 그레타는 바티칸 성베드로 광장에서 프란체스코 교황을 만났다. 그레타는 교황을 전 세계에서 기후에 관해 진지하게 대화를 나눌 유일한 지도자라고 생각하며 진심으로 존경했다. 프란체스코 교황도 그레타를 축복하고 격려했다.

"하느님께서 축복하시기를……. 계속 앞으로 밀고 나가거라!"

이튿날 이탈리아 상원을 찾은 그레타는 정치인들 앞에서도 당당하게 자기 생각을 밝혔다.

"여러 주요 인사들께서 축하 인사를 건네셨지만 제가 무엇 때문에 축하 인사를 받았는지 모르겠습니다. 수백만 학생이 기후위기 문제로 등교 거부를 했지만 아무런 변화도 없습니다. 온실가스는 여전히 배출되고 있고요. 우리는 셀

프 카메라나 찍으려고 광장에 나간 게 아닙니다. 여러분이 행동하기를 원해서, 우리의 꿈과 희망을 되찾기 위해서 행동한 것입니다."

이탈리아 정치인들은 미소를 지으며 그레타의 목소리에 귀 기울였다.

"우리는 준비해야 합니다. 우리의 싸움은 몇 주 혹은 몇 달이 아니라 몇 년이 걸릴 테니까요."

기후위기에 맞선 열여섯 살 그레타의 싸움은 8개월 전 어느 여름날, 스웨덴의 수도 스톡홀름에서 시작되었다.

2

미래를 위한 금요일

우리는 미래를
원하기에 등교를
거부합니다

2018년 8월 20일 금요일 아침, 열다섯 살 그레타는 자전거에 올라타 스톡홀름 시내를 달리고 있었다. 다음 달 시행되는 스웨덴 국회의원 선거까지 몇 주 남지 않은 때였다.

아름답고 웅장한 건물 앞에 다다르자 그레타는 도로에 캠핑용 돗자리를 편 다음 벽을 등지고 앉았다. 그리고 '기후를 위한 등교 거부'라는 문구가 쓰인 피켓을 꺼내 들었다.

그레타가 자리 잡은 그곳은 국회의사당 정문 앞이었다. 국회의원들에게 기후위기에 대처하는 행동을 요구하는 일인 시위를 시작한 것이다.

KLIMATKR HÖVER
HANTER EN KRIS!
KLIMAT AR DEN
VKTIG FRAGAN!

그레타는 다음 날도 어김없이 국회의사당을 찾았다. 그런데 놀랍게도 전날처럼 혼자가 아니었다. 하루하루가 지날 때마다 그레타 곁에는 점점 더 많은 사람이 모여들기 시작했다.

그리고 이제는 수백만 명이 그레타와 함께 '기후를 위한 등교 거부(기후 파업)'에 참여하고 있다. 등교 거부를 자발적으로 계획하는 청소년들의 연대 모임 이름은 '미래를 위한 금요일'이다.

2019년 3월 15일 금요일, 그레타는 차디찬 비를 맞으며 국회의사당 앞에 서 있었다. 노란 우비를 걸친 그레타는 언제나처럼 배낭을 메고 두 갈래로 땋은 머리에 하얀 털모자를 쓰고 있었다.

바로 그 순간 전 세계 100여 개국의 2000여 개 도시에서 150만 청소년들이 그레타와 함께했다. 그레타와 전 세계 친구들은 어른들에게 더 이상 기후위기를 외면하지 말라고 외

치며 광장과 거리를 가득 메웠다.

그레타가 어른들을 향해 말했다.

“우리는 존재를 뒤흔드는 위기, 인류 최대의 위기에 직면해 있습니다. 그러나 이 위기를 알고 있는 사람들은 수십 년 동안 그 사실을 모른 체했습니다. 누구를 말하는지 여러분은 잘 알 것입니다. 그 위기를 모른 체한 사람은 바로 여

러분입니다. 대부분의 잘못은 바로 여러분이 저질렀습니다."

과학자들은 오래전부터 기후위기에 대한 대책을 세우지 않으면 인류에게 재앙이 닥칠 것이라고 여러 차례 경고해 왔다. 자동차와 공장, 발전소가 가동될 때뿐만 아니라 나무를 베어 낼 때도 대기로 배출되는 이산화탄소가 지표면의 평균온도를 상승시킨다. 이로 인해 북극의 빙하가 녹고, 바닷물 온도가 상승하고, 해수면이 높아지고 있다. 다시 말해 이산화탄소를 비롯한 온실가스의 배출량을 줄여야만 기후위기를 막을 수 있는 것이다.

2015년 유엔 기후변화 회의에서 채택된 '파리 기후 협정'에 따르면, 기온 상승을 2도 이내로 유지하기 위해서는 스웨덴 같은 선진국들이 온실가스 배출량을 일 년에 최소 15퍼센트까지 줄여야 한다. 하지만 파리 기후 협정을 탈퇴해 세계적으로 비난받은 미국은 물론, 강대국 대부분이 이 규정을 지키지 않았다.

그레타와 친구들은 도대체 왜 정치가들이 기후위기 문제에 신경 쓰지 않는지, 왜 원유를 계속 추출하고 석탄을 태

우는지 그 이유를 알 수 없었다. 수많은 어른이 어째서 미래를 중요하게 생각하지 않는지 이해할 수 없었다.

"우리 청소년들은 그 위기에 책임이 없습니다. 우리는 이 세상에 태어나자마자 평생 짊어져야 할 위기를 만났습니다. 우리 자식도, 그 자식의 자식들도 마찬가지입니다. 그러니까 미래 세대 모두의 위기인 것입니다. 하지만 우리는 그러한 미래를 받아들이지 않을 것입니다. 그렇게 되도록 내버려 두지 않을 것입니다. 그래서 우리는 등교를 거부합니다. 미래를 원하기에 학교를 파업합니다."

미래를 위한 행진에 참여한 사람들이 들고 있는 피켓에는 그레타가 한 말들이 쓰여 있었다.

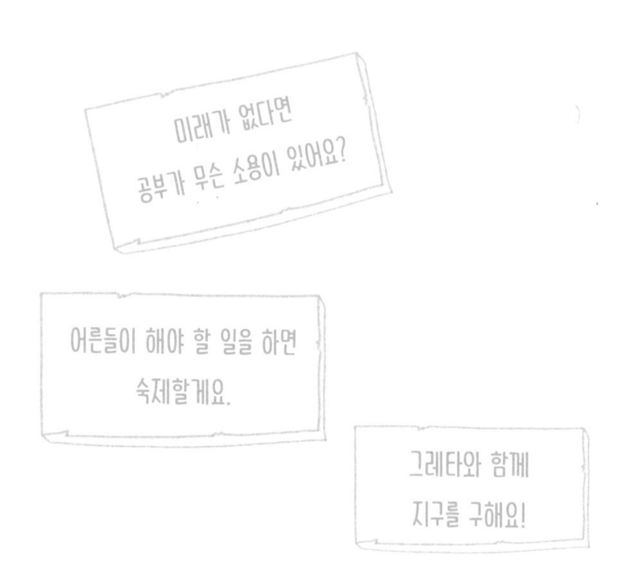

심지어 그레타에게 영감을 얻어서 만든 노래도 있었다. 이탈리아 포폴로 광장에서 열린 집회 때 자전거 페달을 돌려 무대에 사용할 전기를 만들자는 아이디어를 내고 장비를 지원한 음악 밴드 '테트 드 브아(Têtes de Bois)'는 〈이제 시간이 없어〉라는 노래를 만들어 불렀다.

시간, 이제 시간이 없어.

난 지금 행동할 거야. 그러지 않으면 후회할 테니.

시간, 이제 시간이 없어.

우리는 여기 있어.

지금이 우리의 순간이야.

3

슬퍼하는 건 시간 낭비야

미래가 없는
현실 속에 사는 게
무슨 의미가 있을까?

사실 그레타는 얼마 전까지만 해도 눈에 띄지 않을 만큼 조용하고, 중요한 일을 해내기에 너무나 어리고 작아 보이는 소녀였다. 게다가 말수가 적고 목소리도 작았다. 누군가와 대화를 나누면 대답 대신 고개만 끄덕일 때도 많았다.

어린 시절, 학교 친구들은 그레타를 놀리기 일쑤였다. 쉬는 시간에 일부러 세게 밀치고 가는 아이도 있었다. 그럴 때마다 그레타는 화장실에 숨어 혼자 울었다. 그레타는 이 세상 모든 아이가 나쁘게 느껴졌고, 친구를 사귀고 싶지 않았다.

다행히 그레타 곁에는 모지즈가 있었다. 모지즈는 그레타가 기르는 골든 리트리버 종의 개였다. 그레타는 또래 친구들과 어울리기보다 모지즈와 함께 시간을 보냈다. 부엌 바닥에 앉아 낡은 빗으로 모지즈의 밝고 풍성한 털을 빗겨 주곤 했다. 그레타는 부드러운 모지즈의 털에 얼굴을 묻고 냄새 맡는 것을 좋아했다. 래브라도 리트리버 종인 검은 개 록시도 늘 함께했다. 유기견 보호소에서 데려온 록시는 활력이 넘쳐서 그레타가 큰 소리로 웃으면 소파로 뛰어올라 멍멍 짖어 댔다.

이처럼 그레타는 또래 친구들보다 모지즈나 록시 같은 동물과 어울리기를 더 좋아하는 아이였다. 그런 그레타가 어떻게 사람들 앞에 나서서 친구들과 함께 목소리를 내기 시작한 걸까?

그레타가 기후위기에 관한 이야기를 처음으로 들은 것은 여덟 살 때였다.

'어떻게 그럴 수 있지?'

어린 그레타는 기후위기가 정말 인간의 생존을 위협한다면, 당연히 모두 함께 그 문제를 해결하려고 노력할 것이라고 생각했다. 하지만 아무도 그 문제에 신경 쓰지 않는 현실이 너무나 의아했다.

열한 살이 되었을 때 그레타는 학교 수업 시간에 바다를 점령한 플라스틱 쓰레기에 관한 다큐멘터리를 보았다. 칠레 인근 태평양에 거대한 플라스틱 섬이 있다는 사실을 처음 알게 되었다. 그레타는 큰 충격을 받고 눈물을 흘렸다. 오염된 바닷물, 굶주려 죽어 가는 북극곰, 공장 굴뚝에서 나와 공기를 오염시키는 온실가스 문제를 다룬 영상이 이어지자 눈물이 멈추지 않았다.

함께 다큐멘터리를 본 같은 반 친구들도 잠깐 환경오염을 걱정하기는 했지만, 선생님이 텔레비전을 끄고 불을 켜자 금세 잊어버렸다. 하지만 그레타는 이제 기후위기를 신경 쓰지 않은 채 살아갈 수 없었다. 영상 속 이미지가 머릿속에 선명하게 새겨져 지워지지 않았기 때문이다.

'미래가 없는 현실 속에 사는 게 무슨 의미가 있을까?'

그레타가 보기에는 모든 것이 너무나 슬프고 잘못된 듯했다. 어린 소녀는 우울하고 슬픈 생각에 깊이 빠져들었다. 제대로 먹지 않아서 두 달 동안 몸무게가 무려 10킬로그램이나 줄어들 정도였다.

그레타의 부모님은 정신과 의사가 권유한 대로 벽에 종

〈아침〉

- 바나나 3분의 1조각, 53분

〈점심〉

- 뇨키 5개 (감자와 밀가루를 반죽해서 작은 덩어리로 빚은 파스타의 일종), 2시간 10분

이를 붙여 놓고, 매일 딸이 먹은 음식과 먹는 데 걸린 시간을 기록했다. 그레타는 한창 자랄 때인데도 잘 먹지 않는 탓에 성장이 멈춰서 병원에 입원하는 일이 부지기수였다. 그레타가 또래보다 훨씬 작은 이유가 여기 있을지도 모른다.

사실 그레타는 다른 친구들과 조금 다른 아이였다. 자폐증의 일종인 아스퍼거 증후군을 앓고 있던 것이다. 아스퍼거 증후군을 앓는 사람들은 다른 사람과 소통하는 데 어려움을 겪고, 관심 있는 일에는 굉장히 몰두하는 특성이 있다. 그레타도 마찬가지였다.

그레타는 똑똑하고, 무엇이든 배우는 일에 흥미를 느끼는 아이였다. 어릴 때 복잡한 원소 주기율표를 전부 외우기도 했다. 몇몇 원소를 암기할 때는 정확한 발음을 알지 못해서 힘들어하기는 했지만 말이다.

반면에 친구들과 자연스럽게 대화하는 일은 언제나 쉽지 않았다. 흥미로운 일에 빠지면 그 일에 온 시간을 쏟아붓는 바람에 친구와 이야기를 나눈다거나 양치질을 해야 한다거나 하는 일상적인 일을 완전히 잊어버리는 때도 많았다.

기후위기에 온 신경이 곤두서고 우울에 잠긴 그레타는 일 년 동안 학교에 가지 않았다. 의사를 만나거나 집에서만 주로 시간을 보냈다.

힘든 시기를 보내던 그레타는 어느 날부터인가 엄마와 아빠에게 속마음을 털어놓기 시작했다. 걱정하는 문제를 숨김없이 말하자 부모님은 어린 딸을 다독였다.

"다 잘될 거야."

그레타는 그 말을 믿지 않았다. 하지만 근심을 털어놓고 이야기를 나누는 것만으로도 힘을 얻었다.

그레타는 온종일 부모님과 기후위기에 관한 토론을 이어 나갔다. 관련 사진, 도표, 자료를 모아 보여 주고 책과 신문기사, 보고서를 찾아 같이 읽었다. 얼마 후 그레타는 부모님이 자신의 말에 진심으로 귀 기울이기 시작했다는 사실을 알게 되었다.

밤색 머리를 길게 기른 아빠 스반테 툰베리는 그레타와 여동생 베아타가 태어난 뒤로는 일을 그만두고 집안일을 맡고 있었다. 그의 이름은 1903년 노벨화학상을 받은 먼 친척 스반테 아레니우스와 같았다. 스반테 아레니우스는 온실효과로 인한 기후변화를 최초로 측정하려고 시도한 과학자이기도 했다.

한편 엄마 말레나 툰베리는 유명한 오페라 가수였다. 두 딸이 어릴 때는 공연 때문에 두 달에 한 번꼴로 이 도시 저 도시로 옮겨 다녀야 했다. 그러나 다량의 이산화탄소를 내뿜는 비행기를 타지 않겠다고 마음먹으면서 2016년부터는 해외 활동을 과감히 포기했다.

엄마와 아빠는 이산화탄소를 배출하는 휘발유를 사용

하지 않기 위해 스테이션왜건(뒷좌석 뒤쪽에 화물을 실을 공간이 있어 사람과 화물을 다 운반할 수 있는 자동차)을 팔고 전기차를 샀다. 집 지붕에 태양전지판을 설치했고, 텃밭에 유기농 채소를 기르기 시작했다. 그들은 그레타와 함께 채식을 하기로 했다. 가끔 그레타가 잠든 후에 몰래 치즈를 조금 먹기도 했지만 말이다.

이 모든 변화는 딸 그레타와의 대화에서 시작되었다. 그레타는 부모님이 점차 변화하는 과정을 지켜보며, 자신처럼 작은 소녀도 얼마든지 중요한 일을 할 수 있다는 사실을 깨

달았다.

'슬퍼하는 건 시간 낭비일 뿐이야. 나는 내 인생에서 의미 있는 일을 마음껏 할 수 있어!'

4

함성보다 큰 속삭임

때로는 작은 속삭임
하나가 함성보다 더
크게 울려 퍼진다

열다섯 살이 되던 2018년 5월, 그레타는 스웨덴의 한 신문사에서 주최하는 환경문제에 관한 글쓰기 대회에서 수상했다. 그레타는 '지금 행동해야 하는 이유'에 관한 글을 썼다. 그 글을 읽은 환경 운동가들은 관심을 보였고, 그레타를 한 청소년 모임에 초대했다. 청소년 모임에 참여한 그레타는 미국 청소년들의 '등교 거부' 운동에 관한 이야기를 들었다.

2018년 2월 14일, 미국 플로리다주 파크랜드의 마저리 스톤맨 더글러스 고등학교에서는 한 퇴학생의 총기 난사로 인해 학생과 교직원 17명이 목숨을 잃는 안타까운 사건이

일어났다. 그 사건에서 살아남은 엠마 곤살레스를 비롯한 여러 학생은 총기 규제에 관련된 법을 제정해야 한다고 목소리를 높이며, 이 법안이 통과될 때까지 등교를 거부하겠다고 선언했다.

미국 청소년들의 행동에 감명받은 그레타는 우리도 교실 밖에서 수업을 거부하며 기후위기에 관한 목소리를 내보자고 제안했다. 하지만 누구도 그레타의 생각에 동의하지 않았다.

그렇게 봄이 지나고 여름이 되었다. 북유럽은 262년 만에, 더 정확히 말하면 기상 관측을 시작한 이래 가장 뜨거운 폭염에 휩싸였다. 스웨덴도 예외는 아니었다. 게다가 오랜 가뭄까지 겹쳐 건조해지다 보니, 여기저기서 산불이 일어났다.

환경문제에 별 관심이 없던 대중 매체들도 앞다투어 '기후는 지금 시대에 가장 중요한 문제'라는 논지의 기사를 내보내기 바빴다. 그레타는 소파에 앉아 무

릎에 노트북을 올려놓고 기사를 읽었다. 마음속에서 분노가 점점 커져만 갔다.

'왜 나와 같이 행동하려는 친구가 한 명도 없을까?'

그레타는 결단을 내렸다.

'상관없어. 나 혼자 할 거야.'

그리고 한 가지 아이디어를 떠올렸다.

"아빠, 건축 자재 상점에 가서 못 쓰는 나무판자 두 장만 가져다줄 수 있어요?"

그레타는 아빠가 가져다준 나무판자를 흰색 페인트로 칠한 뒤, 그 위에 '기후를 위한 등교 거부'라는 문구를 썼다. 그리고 왜 자신이 학교에 가지 않기로 했는지를 설명하는 유인물도 한 묶음 준비했다.

준비를 마친 그레타는 자전거를 타고 국회의사당으로 향했다. 그리고 오전 8시 30분부터 오후 3시까지 학교 수업이 진행되는 시간 내내 학교 책상이 아닌 캠핑용 돗자리에 앉아 있었다. 이날이 그레타의 등교 거부 운동이 시작된 8월 20일이었다.

그레타는 자신의 일인 시위 현장 사진과 동영상을 트위터와 인스타그램에 올렸다. 사진과 동영상은 곧 사람들의 주목을 받았다.

"아이들은 어른들이 시키는 대로 하지 않고, 어른들이 하는 대로 따라 하기 마련입니다. 여러분이 내 미래를 망쳤으니, 나도 선거일까지 기후 파업을 하겠습니다."

그레타는 9월 선거일까지는 매일, 선거가 끝난 뒤에도 금요일마다 등교 거부 운동을 하기로 결심했다. 흐린 날이나 온 세상이 얼어붙은 추운 날, 눈이 내리는 날에도 그레타는 국회의사당 앞을 찾았다. 금요일은 물론, 방학이어서 학교가 쉴 때도 변함없이 말이다.

2018년 9월, 선거가 끝나자 스톡홀름에서는 '기후를 위한 행진' 집회가 열렸다. "기후를 위해 일어나라(Rise For Climate)"라는 구호를 내걸고 100여 개국에서 동시에 열리는 집회였다. 이날 그레타는 연단에 올라 공식 연설을 해 달라고 부탁받았다.

그레타의 부모님은 당황했다. 아스퍼거 증후군을 앓는 그레타는 '선택적 함구증'이라는 증상을 진단받았기 때문이다. 선택적 함구증이란 이따금 사람들 앞에서 아무 말도 하지 않는 증상을 말한다.

하지만 부모님의 걱정과는 달리 그레타는 집회에 모인 수천 명 앞에서도 전혀 동요하지 않았다. 오히려 완벽한 영어로 연설을 마쳤다. 그레타는 그 자리에 모인 사람들에게 자신을 휴대전화로 촬영한 뒤 SNS에 올려서 더욱 많은 사람이 이 운동에 동참하게 해 달라고 부탁했다.

그 후로도 그레타는 항상 연설문을 누군가에게 맡기지 않고 직접 작성했다. 2018년 12월 폴란드 카토비체에서 개최된 유엔 기후변화 협약 당사국 총회에 초대받았을 때도 며칠 동안 영어 원고를 준비했고, 190개국 대표들 앞에서 인상 깊은 연설을 해냈다.

"때로는 작은 속삭임 하나가 함성보다 더 크게 울려 퍼진단다."

엄마가 그레타에게 들려준 말은 현실이 되었다. 시작은 혼자였지만, 어느새 다른 친구들이 곁에 서서 함께 목소리를 내며 행동하고 있었다.

그레타의 목소리와 행동은 '미래를 위한 금요일(#Fridays

ForFuture)'이라는 해시태그로 SNS에 널리 퍼졌고, 이에 공감하고 감명받은 전 세계 청소년들이 금요일마다 학교 대신 거리로 나와 기후 시위에 동참하도록 했다.

스웨덴뿐만 아니라 독일, 영국, 벨기에, 이탈리아, 스페인 등 유럽과 미국 그리고 한국, 일본 등 아시아까지 수많은 학생이 이 시위에 참여했다. 더 나아가 정부와 기업을 상대로 소송을 제기하며 기후 대책 마련을 요구하는 등 적극적인 행보를 보이는 청소년들도 늘어났다.

작은 십 대 소녀의 행동이 세계를 움직이기 시작한 것이다.

5

등교를 거부하는 이유

우리가 하는 말을
듣지 않아도 괜찮습니다.
하지만 과학적 진실을 더는
외면하지 마세요

물론 모든 사람이 그레타의 행보를 지지하거나 있는 그대로 보는 것은 아니었다.

어떤 이들은 '등교 거부'를 두고, 학생이 학교에 가지 않는 것만은 절대 안 된다고 주장했다. 하지만 그레타와 친구들은 아무런 행동도 하지 않은 채 수십 년을 허비해 온 어른들의 무관심이 학교를 결석하는 일보다 더 나쁜 것 아니냐고 되묻는다.

게다가 그레타는 학교와 수업을 싫어하지 않았다. 시위에 나가느라 빠진 수업을 보충하려고 오히려 다른 친구들보다 두 배로 공부했다. 그래서 우수한 성적을 유지할 수 있었

미래를
위한
금요일

다. 그레타는 다양한 과목을 공부할 때마다 미래에 자신이 도전할 수많은 직업을 상상할 수 있어 즐거웠다. 하지만 그러려면 일단 '미래'가 있어야 했다.

또 어떤 사람들은 그레타의 부모와 일부 환경 단체가 어린 그레타를 세뇌해서 자신들의 주장을 선전하는 것도 모자라 돈벌이로 이용한다며 비난했다. 이에 대해 그레타는 부모님 역시 처음부터 등교 거부에 찬성하지는 않았다고 말했다.

그레타의 부모님은 곁에서 딸이 변하는 모습을 지켜보았다. 늘 우울해하던 소녀가 점차 활력과 생기가 넘치는 아이로 바뀐 것이다. 그래서 자연스럽게 딸 그레타의 선택을 받아들이고 힘을 실어 줄 수 있었다.

아빠는 그레타와 함께 시위할 장소까지 동행하곤 했다. 그레타가 신문기자들과 인터뷰할 때면 멀찍이 떨어져 있었다. 그러다가 점심을 가져다줄 때만 곁에 다가갔다.

그레타는 아직 어리기 때문에 기후를 위한 자신의 싸움을 널리 알리기 위해 다른 나라를 돌아다니려면 가족의 도움이 필요했다. 더군다나 먼 거리를 이동할 때도 비행기를 타지 않았기 때문에 쉽지 않은 여정이었다. 그때마다 그레타의 부모님은 적극적으로 도우며 함께했다.

어린 동생 베아타 툰베리 역시 그레타에게 힘이 되었다. 베아타도 아스퍼거 증후군이 있었지만 언제나 자기 일을 스스로 하려고 애썼다. 언니 그레타가 음식을 먹지 않아 병원에 입원했을 때, 부모님 내신 할머니가 학교로 자신을 데리러 와도 투정을 부리지 않았다. 그레타가 친구들에게 따돌림을 당할 때마다 베아타는 약속했다.

"내가 언니의 친구가 되어 줄 거야!"

환경 운동가로 불리는 그레타에게 엄격한 잣대를 들이대는 사람들도 있었다. 도시락을 먹을 때 비닐 랩에 싼 샌드위치를 먹는다거나 제철이 아닌 과일을 먹는다고 비난하기도 했다.

하지만 그레타는 오히려 이런 비난 때문에 자신을 다시금 돌아볼 수 있었다. 또 다른 한편으로 이러한 현상은 자신과 친구들의 행동을 위협으로 느끼는 이들이 있다는 것이기 때문에 무언가 새로운 변화가 일고 있다는 의미이기도 했다.

2019년 7월, 그레타는 프랑스 하원 의원들 앞에서 연설하기 위해 프랑스 의회를 찾았다. 일부 프랑스 정치인들은

그레타의 연설을 보이콧(어떤 일을 공동으로 받아들이지 않는 일) 하고, 그레타를 “반바지 입은 예언자”, “감정에 치우쳐 등교를 거부하는 어린 여성”이라고 표현하는 등 공격적으로 비난했다.

이에 대해 그레타는 피하지 않고 차분히 대응했다.

“이 자리에 오지 않기로 하고 제 말을 듣지 않겠다는 분들이 있습니다. 좋습니다. 우리는 결국 아이들일 뿐이니까요. 우리가 하는 말을 듣지 않아도 괜찮습니다. 하지만 과학적 진실을 더는 외면하지 마세요.”

6

희망이 아닌 진실을 말하다

스톡홀름
다보스
우리 집에
불이 난 것처럼
민첩하게 행동하기를
바랍니다.
정말 불이 났으니까요

눈 덮인 스위스 산악 지대에 자리한 도시 다보스에서는 매년 '세계 경제 포럼'이 열린다. 세계 경제 포럼은 전 세계의 경제학자와 기업인, 정치인 등 유명 인사들이 모여 국제적인 경제문제를 토론하는 국제 민간 회의다. 이런 중대한 자리에 십 대 소녀 그레타가 초청을 받았다.

2019년 1월 25일, 그레타는 다보스에 도착했다. 32시간 동안 기차를 타고 이동한 탓에 몹시 피곤했지만, 기자들은 아랑곳없이 질문 폭탄을 터트렸다.

"다보스에는 왜 온 거죠?"

"초대받았으니까요."

"무엇을 변화시키고 싶습니까?"

"모든 것을요."

"희망이 있다고 생각하나요?"

"아니요."

지친 그레타는 눈을 찡그린 채 아래를 내려다보며 짧게 대답했다. 다행히 잠시 후 기분이 조금 나아졌다.

스위스는 영하의 추운 겨울이었지만, 그레타는 호텔에 묵지 않았다. 기후 연구자들과 함께 야외 캠프에서 첫날 밤을 보냈다. 연구자들은 우려되는 기후 연구 결과를 설명하기 위해 산에 캠프를 차렸다. 기자들은 불가에서 얼은 몸을 녹이면서 그레타를 기다렸다.

"모험이에요."

그레타가 기자들에게 말했다. 말할 때마다 작은 구름 같은 입김이 하얗게 번져 나왔다.

"다보스까지 전용 비행기를 타고 와서 고급 호텔에 묵는 사람이 있습니다. 기차를 타고 와서 천막에서 자는 사람도 있지요."

그레타가 어디를 가든 기자들은 그 뒤를 따라다녔다. 그레타가 탄 승강기에 재빨리 끼어들며 금요일에 어떤 수업을 빠졌냐고 묻기도 했다. 동료들을 밀치고 촬영하려다가 넘어진 기자도 있었다.

다음 날 점심, 그레타는 '세계 경제 포럼' 주최 측에서 연단과 가까운 곳에 마련한 자리에 앉았다. 연단에서는 햇빛에 반짝이는 새하얀 눈을 배경으로 지구의 미래에 관한 토론이 진행되었다.

헝클어진 머리에 분홍색 스키화를 신은 그레타는 챙겨 온 물병의 물을 한 모금 마시고는 망설임 없이 말했다.

"기후위기는 우리 모두가 만들어 낸 것이라고 말하는 사람이 있습니다. 하지만 그건 편리한 알리바이입니다. 모두

다보스에는
왜 온 거죠?

그레타, 그레타,
사진 한 장만!

기후문제가 왜 그렇게
중요한 겁니까?

왜 채식주의자가 됐지요?

비행기가 무섭죠?

그래서 안 타는 거죠?

포럼에서 뭐라고 말할 건가요?

그레타,
커서 뭐가 되고 싶어요?

금요일 등교 거부를 하면
무슨 수업을 빠지는 겁니까?

왜 전부 재활용하는 거죠?

세상을 어떻게
바꾸고 싶은가요?

학교 성적은 어때요?

부모님은 당신을
지지하시나요?

키우는 개 이름이 뭐죠?

에게 잘못이 있다는 말은 아무에게도 잘못이 없다는 말과 같은 뜻이니까요. 분명히 이 위기를 책임질 사람이 있습니다. 몇몇 사람, 몇몇 회사, 특히 몇몇 정치 지도자가 계속 막대한 이윤을 얻기 위해 계산조차 할 수 없는 가치를 희생시키고 있다는 사실을 잘 압니다."

그리고 덧붙였다.

"지금 이 자리에도 그런 사람 중 몇 분이 참석했다고 생각합니다."

연설하는 그레타 앞에는 대기업의 최고경영자를 비롯한 세계적인 거물들이 앉아 있었다. 잠시 적막이 흐르고, 뒤늦게 박수가 터져 나왔다. 주최 측에서는 그레타의 연설을 녹화한 동영상을 트위터에 올리기 전에 마지막 말을 삭제했다.

때때로 그레타는 자신이 하고자 하는 이야기를 직설적으로 말해 듣는 사람들을 당황하게 만들곤 했다. 그레타의 화법을 잘 알고 있는 아빠가 걱정하며 너무 도전적으로 말하지 말라고 일러 주었다. 하지만 아스퍼거 증후군을 앓는 사람들이 그렇듯이 그레타는 돌려서 말하거나 꾸며서 말하는 법을 몰랐다.

또 그레타가 바라보는 세상은 흑과 백, 옳은 것과 옳지 않은 것으로 명확히 나뉘었다. 그렇기 때문에 기후위기에 대해 문제 제기하는 자신이 비행기를 타고 여행을 떠나는 것을 받아들이지 못했다.

"모두 기후위기가 우리 존재를 위협하는 가장 중요한 문제라고 말하지만, 여전히 예전처럼 살고 있어요. 저는 이해할 수 없어요. 탄소 배출을 멈춰야 한다면 멈춰야 해요. 제게는 흑백의 문제예요. 생존에 있어 회색 지대는 없어요."

사람들은 환경을 보호하기 위해 엄격한 규정을 만드는 것이 사실상 불가능하다고 주장한다. 대다수 사람이 그 대가를 치를 준비가 되어 있지 않기 때문이다. '미래를 위한 금요일' 시위에 동참하는 청소년들조차 스마트폰과 쇼핑을 포기할 생각은 하지 않는다. 원하는 물건은 무엇이든 가지고 싶어 하며, 필요 이상으로 많은 물건을 사기도 한다.

그레타는 사람들이 자신들의 이러한 행동이 어떤 결과를 가져올지 제대로 알지 못한다고 확신했다. 그렇기에 미래에 대해서만큼은 어떤 희망도, 낙관도 없이 있는 그대로 바라보고 말해야 한다고 생각했다. 거짓된 희망이 아니라 '진실'을 바라보고 말해야만 지금 이 위기를 헤쳐 나갈 수 있다고 말이다.

누군가 그레타에게 말했다.

"너희는 우리의 희망이고, 너희가 세상을 구하게 될 거야."

그레타는 화가 났다. 자신이 어른이 되었을 때, 이 세상의 일을 결정하는 세대가 되었을 때는 이미 너무 늦기 때문이다. 그래서 묻는다.

"그렇다면 어른들은 우리를 조금이라도 도와줄 수 없나요?"

"어른들은 계속 말합니다.

'우리가 젊은이들에게 희망을 주어야 합니다.'

그러나 저는 여러분이 주는 희망을 원치 않습니다.

여러분의 낙관주의를 바라지 않습니다.

여러분이 공황 속에 빠지기를 바랍니다.

그리고 행동하기를 바랍니다.

위기 상황에서처럼 행동하기를 바랍니다.

우리 집에 불이 난 것처럼 민첩하게 행동하기를 바랍니다.

정말 불이 났으니까요."

2019년 1월 25일, 다보스 '세계 경제 포럼' 연설에서

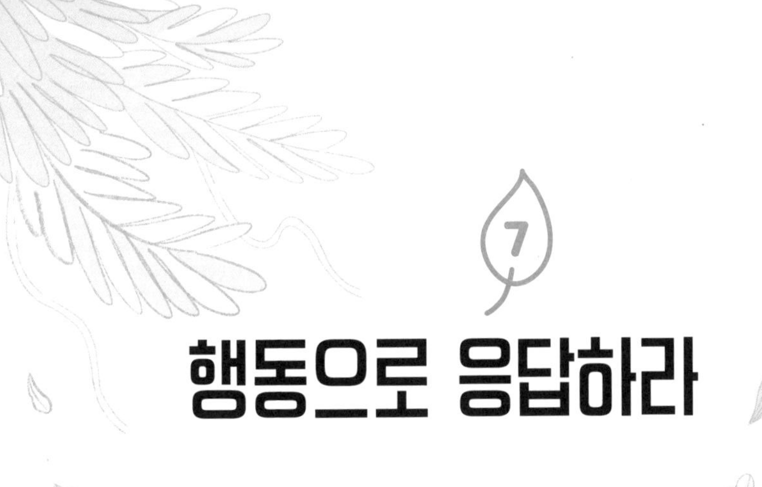

7

행동으로 응답하라

어떤 문제에 대해
내뱉은 말과
반대되는 행동을
하고 싶지 않아요

그레타는 기후를 위한 여정을 지나오면서 아스퍼거 증후군 같은 약점조차 있는 그대로 받아들이고 가능성으로 바꾸는 법을 배웠다. 만약 그레타가 한 가지 문제에 집중하지 못했다면, 세상을 흑백으로 바라보지 않았다면, 사람들의 눈치를 보거나 친밀하게만 지내려 했다면, 다른 사람들처럼 기후위기 문제에 관심을 가지지 않았을지도 모른다.

그리고 또래 친구들에 대한 믿음을 조금씩 회복하기도 했다. 수많은 시위와 집회에 참석하며 그들과 연대하는 과정에서 자신이 생각했던 것처럼 아이들이 무조건 나쁘지 않

다는 사실을 알게 된 것이다.

일상도 예전과는 많이 달라졌다. 항상 아침 6시 반에 일어나 아침을 먹고 신문 기사를 읽는다. 학교에 갔다가 지쳐서 돌아온다.(주위에 사람이 많으면 그레타는 금방 피곤해지곤 했다.) 하지만 아무리 피곤하더라도 숙제를 미루지는 않았다. 숙제를 끝내고 나면 연설문을 작성하고, 자료를 수집하고, 문자메시지를 보내고, 집회를 계획한다. 저녁을 먹은 뒤에는 일찍 잠자리에 든다.

그레타는 새가 모이를 먹듯 밥을 먹었다. 그레타의 점심은 항상 고기나 우유, 달걀이 들어가지 않는 채식 도시락이다. 그레타는 생태 발자국(사람이 사는 동안 자연에 남긴 영향을 토지의 면적으로 환산한 수치)을 줄이기 위해 채식주의자가 되었다. 하지만 누구에게도 자신처럼 채식을 하라고 강요하지는 않았다.

그레타는 이제 가능한 한 쇼핑을 하지 않는다. 환경 영향(인간의 행동이나 기술이 자연환경에 주는 변화나 영향)을 줄이려고 필요한 물건도 최소한으로 산다. 그레타가 가진 새 물건들은 누군가에게 받았거나 빌린 것

뿐이다. 누군가에게 무언가를 선물해야 할 때면, 직접 만든다. 그레타는 5년 이상 된 휴대전화를 사용하고 있다. 이 역시 휴대전화를 바꾸려던 사람에게 선물로 받은 것이었다.

물론 이러한 생활이 편안하지만은 않다. 연극, 노래, 무용, 피아노, 승마 같은 취미도 예전처럼 즐기지 못했다. 하지만 그레타는 불평하지 않았다.

"모범을 보이려고 그러는 게 아니에요. 저 자신을 위해 하는 일이에요. 제가 어떤 문제에 대해 내뱉은 말과 반대되는 행동을 하고 싶지 않아서요."

우리는 세상을 바꾸고 있다

아무도
행동하지 않기 때문에
우리는 여기 와 있습니다

열여섯 살 그레타 툰베리는 노벨 평화상 후보로 선정되었다. 2014년 역대 최연소로 노벨 평화상을 수상한 말랄라 유사프자이에 이어 십 대 노벨 평화상 후보로 오른 것이다. 그레타를 추천한 사람은 세 명의 노르웨이 국회의원이었다.

이들은 그레타를 노벨 평화상 후보로 추천한 이유에 대해 기후변화를 막기 위해 아무 일도 하지 않으면 새로운 전쟁과 분쟁, 수많은 난민이 생길 것이기 때문이라고 설명했다.

그만큼 그레타는 세계적으로 큰 영향력을 발휘하고, 어

우리는
세상을 바꾸고 있습니다

디서든 뜨거운 관심과 주목을 받으며 활약하고 있다. 심지어 의견 일치를 이루고 화합하는 일이 드문 유럽의회에서조차 박수갈채를 받았다.

하지만 그레타는 자신에게 향하는 사람들의 관심이나 인기를 얻는 일에 집중하지 않았다. 자신에게 쏟아지는 조명과 유명세는 언젠가 분명 사라진다고 생각하기 때문이다. 다만 변화를 일으키는 일에 즐거움을 느꼈다. 사람들이 기후위기 문제, 동물의 멸종, 바다 오염과 산성화처럼 우리가 초래한 재앙에 주목하며 행동하기를 바랄 뿐이었다.

그레타는 어른들이 기후위기를 막기 위해 당장 '행동'하지 않는다면, 상을 주는 일은 아무 의미 없다고 생각한다. 구호를 외치고 연설하는 청소년들을 기특하게 바라보고 칭찬하는 데 그쳐서는 안 된다. 일부 사회나 나라뿐만 아니라 전 세계적으로 기후위기 문제를 제대로 바라보고 함께 행동하는 것이 중요하다고 목소리를 높인다.

"미래를 위해 싸워야 할 사람은 우리 청소년들이 아닙니다. 그러나 실제로 아무도 행동하지 않기 때문에 우리는 여기 와 있습니다. 어른들은 우리의 학교 결석을 걱정하지만,

우리는 세상을 바꾸고 있습니다. 나이 들어 뒤돌아보았을 때 우리는 최선을 다했다고 말할 수 있을 것입니다."

2019년 9월 23일, 미국 뉴욕에서는 '유엔 기후 행동 정상회의'가 열린다. 그레타는 이곳에 참석하기 위해 비행기 대신 요트에 몸을 실었다. 대서양을 가로지르는 4800킬로미터, 보름 간의 긴 여정이었다.

탄소를 배출하지 않는 터빈과 태양광발전으로 전력을 생산하는 이 소형 요트에는 샤워 시설이나 화장실도 없었다. 하지만 그레타는 기꺼이 불편을 감수하기로 했다. 세상

을 바꾸는 것은 지금 이 순간의 '행동'뿐이기 때문이다.

세상과 미래를 바꾸기 위한 그레타 툰베리, 그리고 전 세계 청소년들의 행진은 오랫동안 멈추지 않을 것이다.

"2078년이면 저는 75번째 생일을 맞이할 거예요.
그때 제게 자녀나 손주가 있다면,
그날을 함께 축하하겠지요.
그리고 지금의 여러분에 대해 물을 거예요.
어쩌면 아직 시간이 있었을지도 모를 그때,
왜 손 놓고 가만히 있었느냐고."

2018년 11월 24일, 테드 강연에서

이제 시간이 없어

시간, 이제 시간이 없어.
난 지금 행동할 거야.
그러지 않으면 후회할 테니.
시간, 이제 시간이 없어.
우린 여기 있어, 지금이 우리의 순간이야.

누군가 말해 주길 기다리는 데 지쳤어.
이제 행동해야 할 때라는 말을 하기도 지쳤어.
우리는 더 이상 날 수 없는 독수리 같아.
그래도 우리는 힘과 용기로
독수리를 날아오르게 할 수 있어.

시간, 이제 시간이 없어.
난 지금 행동할 거야.

그러지 않으면 후회할 테니.

시간, 이제 시간이 없어.

우린 여기 있어, 지금이 우리의 순간이야.

모두 함께 다른 일을 하기에

우리가 너무 어리지 않기에

우린 여기에 있어.

의지는 작은 힘이기도 해.

누군가 말해 주길 기다리는 데 지쳤어.

이제 행동해야 할 때라는 말을 하기도 지쳤어.

시간, 이제 시간이 없어.

이제 가자, 지금이 우리의 순간이야.

내 인생과 다가올 시간을 변화시킬 힘을

당신들에게 맡기지 않을 거야.

진심으로 그 일들을 당신들에게 맡기지 않을 거야.

시간, 이제 시간이 없어.

난 지금 행동할 거야.

그러지 않으면 후회할 테니.

시간, 이제 시간이 없어.

우린 여기 있어, 지금이 우리의 순간이야.

난 이제 행동할 거야…….

※ 그레타 툰베리를 위한 노래

〈이제 시간이 없어〉(테트 드 브아)는

QR코드를 통해 인터넷에서 들어 볼 수 있다.

부록 1

그레타와 함께 지구를 지켜라

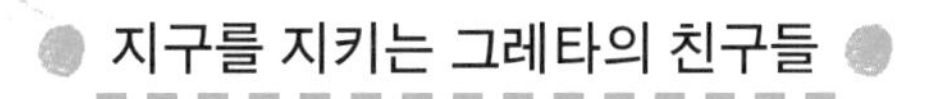

지구를 지키는 그레타의 친구들

지구를 지키는 작지만 확실한 행동 10

지구를 지키는 환경 도우미

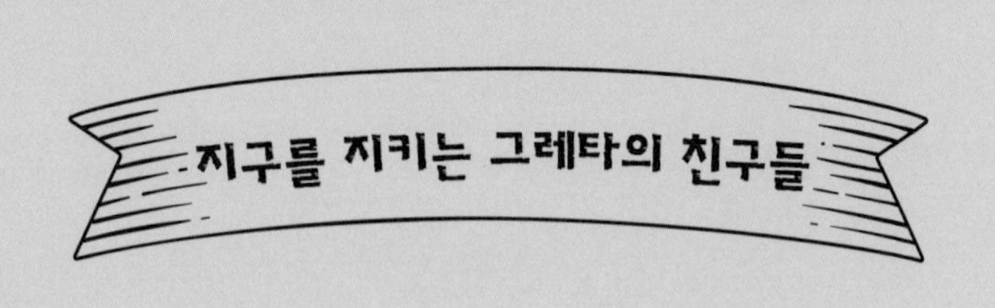

마야 브라우베아 (16세, 네덜란드)

환경문제에 관심이 많은 마야는 채식을 하고, 샤워도 짧게 한다. 하지만 혼자만의 행동으로는 지구를 살리지 못한다는 걸 잘 알고 있었다. 귀찮다고 분리수거를 제대로 하지 않는 엄마를 보거나, 기후학자들의 일기예보를 들을 때마다 스스로가 무기력하다는 생각을 지울 수 없었다.

그러던 어느 날 마야는 자기 또래의 스웨덴 소녀 그레타가 기후를 위한 등교 거부 시위를 하고 있다는 사실과 네덜란드에서도 등교 거부 시위가 있다는 사실을 알게 되었다. 자신이 어떤 행동을 해야 할지 깨달은 마야는 자전거를 타고 활동가들이 모여 있는 국회 앞으로 달려갔다. 마야의 꿈은 정치인과 기업, 시민 들이 기후 문제에 경각심을 가질 수 있도록 활동하는 협회를 만드는 것이다. 그리고 그 협회의 이름은 "깨어나(Wake up)!"로 할 생각이다.

아누나 데 웨버(17세, 벨기에)

키라 간투아(19세, 벨기에)

아누나와 키라는 매주 목요일 브뤼셀에 있는 광장으로 향한다. 두 사람을 포함한 수천 명의 벨기에 청소년들은 그레타의 '미래를 위한 금요일'에 공감했다. 그리고 목요일마다 광장에 모여 '기후를 위한 낙제(Flunk School For The Climate)'라는 슬로건을 걸고 '브뤼셀 청소년 기후 행진'을 했다.

이 모습을 담은 동영상은 페이스북을 통해 공개되었고, 하루가 지나기도 전에 3만 5000이 넘는 조회 수를 기록했다. 동영상 속 벨기에 청소년들은 "정치인들이 기후위기를 위해 행동할 수 있도록 압박하기 위해서는 더 많은 청소년이 광장으로 나와야 한다"는 메시지를 전하고 있다.

그에 대한 화답으로 2019년 1월 24일에는 3만 5000명의 학생들이 수업을 중단한 채 거리로 나섰고, 1월 27일에는 쏟아지는 비와 추위에도 불구하고 7만여 명의 시민들이 거리에 나와 '기후변화 행진'에 동참했다.

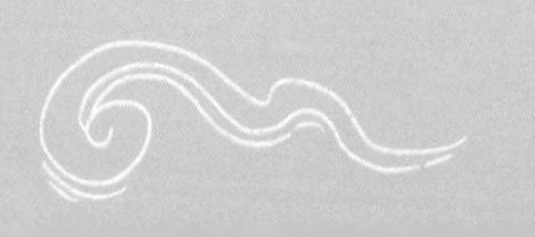

홀리 질리브랜드(13세, 영국)

홀리는 또래 청소년들과 마찬가지로 자연을 사랑하고, 축구를 즐기며, 등산을 좋아하는 평범한 소녀다. 하지만 홀리는 요즘 몇몇 친구들과 함께 금요일마다 수업 한 시간을 땡땡이(?)치고 있다. 그 시간에 홀리와 친구들은 무엇을 하는 걸까?

그들은 매주 금요일 학교 앞에 서서 피켓을 들고 시위를 한다. 그레타의 '미래를 위한 금요일' 학교 파업에 동참하고 있는 것이다. 홀리와 친구들은 이 행동을 '기후위기를 알리는 데 꼭 필요한 '희생'이라고 이야기한다.

환경 운동가인 부모님은 홀리의 행동을 적극 지지하고 있다. 홀리는 현재 자신이 사는 지역 신문사에서 환경문제를 다루는 논설위원으로도 활동하고 있다.

미리암 마르티넬리(16세, 이탈리아)

미리암은 밀라노 지역에 있는 농업학교에 다니고 있다. 집에서부터 학교까지는 1시간 15분이나 걸린다. 부모님의 차를 타면 훨씬 편하고, 빠르게 등·하교할 수 있지만 대기오염을 조금이라도 줄이기 위해 대중교통을 이용하고 있다.

미리암은 2월부터 매주 금요일 '등교 거부'를 시작했다. '미래를 위한 금요일'에 참가하기 위해서였다. 부모님은 결석 때문에 낙제하지는 않을까 걱정하면서도 미리암의 행동을 지지한다.

미리암은 관광 농업 숙박 시설을 운영하는 꿈을 키워 나가고 있었다. 하지만 '미래를 위한 금요일' 시위에 참가한 뒤로는 어른이 되어 정계로 나가 환경 운동을 하는 것은 어떨지 고민 중이다. 미리암의 꿈은 무럭무럭 자라고 있다.

알렉산드리아 빌라세노르(13세, 미국)

알렉산드리아는 2018년 12월, 뉴욕 유엔 본부 앞에서 기후를 위한 일인 시위를 시작했다. 그 후에도 기온이 영하 14도까지 내려가는 추위에도 아랑곳하지 않고 한 번도 빠짐없이 매주 집회에 참여했다.
알렉산드리아가 시위를 시작하게 된 계기는 캘리포니아 북쪽에 사는 친척 집을 방문했을 때 겪은 화재 때문이었다. 광활한 숲을 다 태우고, 100여 명에 이르는 사상자까지 발생시킨 커다란 화재는 캘리포니아에 사는 사람들에게 엄청난 재앙이었다. 알렉산드리아는 화재가 진화된 뒤에도 숨을 쉬기 힘들어 며칠 동안 앓아 누워 있어야 했다.
알렉산드리아는 컬럼비아 대학교에서 기후학을 공부한 어머니의 도움으로 환경과 관련된 자료를 수집하기 시작했고, 적극적으로 '미래를 위한 금요일'에 참여하고 있다.

김유진(17세, 한국)

유진이의 꿈은 동물학자였다. 어른이 되면 세계 곳곳을 여행하면서 동물을 연구하고 싶었다. 하지만 이제는 꿈꿔 온 장소들이 10~20년 후 어떻게 변할지 알 수 없게 되어 버렸다. 기후위기로 인해 너무도 많은 환경이 바뀌었고, 미래에는 완전히 뒤바뀔 것이 분명하기 때문이다.

그래서 고등학생 유진이는 매주 토요일마다 다양한 장소에서 기후위기를 알리기 위한 행동을 하고 있다. 유진이가 활동하는 '청소년기후소송단(이하 청기소)'은 거리에서 퍼포먼스와 행진을 하며 기후위기 대응을 외치고, 기후위기에 중대한 책임이 있는 정부나 기업을 대상으로 소송을 제기하는 모임이다. 2019년 3월과 5월에는 세계 곳곳의 청소년들과 함께 기후를 위한 동시다발적 결석 시위 '스쿨 스트라이크'를 진행했다.

우리 사회에서 청소년의 사회 참여는 보편적이지 않은 일이기에 어려움을 겪고 있지만, 유진이와 청기소 활동가들은 가능한 한 다양한 창구를 통해 뜻을 전달하려 노력하고 있다.

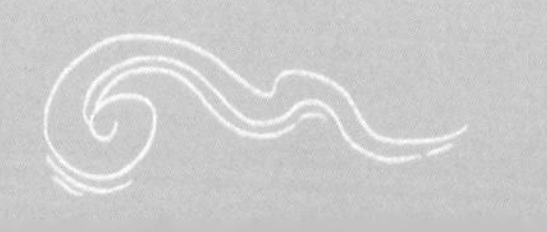

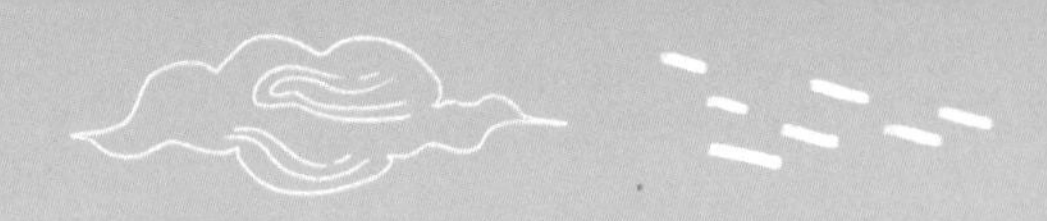

미래를 위한 금요일

'미래를 위한 금요일'은 기후 행동에 나선 세계 청소년들의 연대 모임 이름이다. 2018년 8월 그레타 툰베리가 매주 금요일 스톡홀름의 의회 앞에서 '기후를 위한 등교 거부'가 적힌 피켓을 들고 일인 시위를 벌이면서 시작된 세계 청소년들의 기후 행동은 2019년 3월 15일 각국에서 동시다발적으로 열린 집회와 시위로 이어졌다. 그레타의 행동과 발언은 전 세계 청소년들에게 많은 영감을 주었다. 네덜란드, 벨기에, 영국, 이탈리아, 미국, 한국 등 세계 각지의 청소년들은 자신이 있는 곳에서 그레타와 함께할 수 있는 다양한 방법을 고민하며 미래를 위해 기후 행동에 나서고 있다.

미래를 위한 금요일 인스타그램	www.instagram.com/fridaysforfuture/
미래를 위한 금요일 페이스북	www.facebook.com/groups/ 929294497203110/
미래를 위한 금요일 트위터	twitter.com/Fridays4future

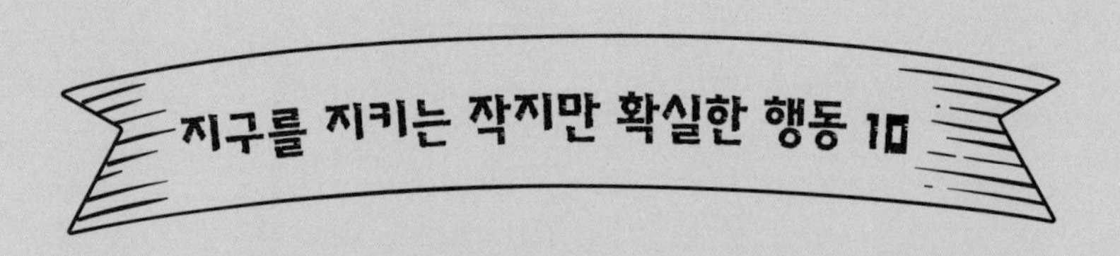

걷기와 자전거 그리고 대중교통을 이용하자

그레타와 그 친구들이 가장 자주 이용하는 교통수단도 바로 자전거다. 어딘가를 가야 할 때 걸어 다니거나 자전거 또는 대중교통수단을 이용하자. 그리고 쉽지는 않겠지만 부모님도 되도록 자동차 대신 버스나 지하철을 타시도록 설득하자.

샤워는 짧게, 양치 컵을 사용하자

지구온난화는 물 부족 현상으로 이어진다. 샤워할 때 명상에 빠지지 말자. 샤워 시간만 줄여도 물 사용량을 많이 줄일 수 있다. 샴푸나 비누칠을 할 때는 샤워기를 잠그고, 양치용 컵을 사용하고, 욕실에서 나올 때는 수도꼭지가 잘 잠겼는지 꼭 확인하자.

나만의 컵, 나만의 텀블러를 사용하자

한 번 쓰고 버린 일회용 컵, 일회용 젓가락은 분해되기까지 수십 년이 걸린다. 학교에서도, 학원에서도, 집에서도, 친구를 만나러 갈 때도 나만의 텀블러를 꼭 챙겨 다니자. 일회용품을 줄이기 위한 작은 실천으로 텀블러를 들고 다니는 당신, 멋지다!

술술 새는 전기, 플러그를 빼자

텔레비전, 셋톱 박스, 컴퓨터와 모니터, 선풍기, 충전기 등 우리 집 가전제품 플러그가 콘센트에 꽂혀 있다면? 전기가 술술 새고 있는 것이다. 이를 대기 전력이라고 하는데, 플러그를 뽑으면 전기 소비량을 10퍼센트 절약할 수 있다. 쓰지 않는 가전제품 플러그를 빼는 습관이 에너지를 절약하는 지름길이다.

비닐봉지 됐고, 장바구니 어솨!

한국에서 1년간 소비되는 비닐봉지 수는 2억 장, 투명 롤백 수는 6억 장 이상이라고 한다. 놀랍지 않은가! 비닐봉지 사용을 줄이기 위해 마트나 편의점 등에서 유상 판매를 하고 있지만 그 수가 눈에 띄게 줄고 있지는 않다. 오늘부터 휴대용 장바구니를 가방 한쪽에 살포시 넣어 다니자. 그리고 물건을 살 때마다 위풍당당하게 꺼내 들자. 우리가 비닐봉지 대신 장바구니를 펼치는 건, 50원을 아끼기 위해서라기보다 지구를 지키기 위해서니까.

아끼고, 나누고, 바꿔 쓰고, 다시 쓰자

음식, 옷, 물건은 꼭 필요한 것을 필요한 양만큼만 사자. 필요 이상의 소비는 낭비다. 또 나에게 필요 없는 물건이 남에게는 필요한 물건일 수 있다. 중고 거래나 벼룩시장도 환경을 생각하는 리사이클의 중요한 과정이다. 줄이고, 재사용하고, 재활용하겠다는 마음가짐의 시작으로

필요 없는 물건을 누군가에게 '나눔'해 보는 건 어떨까?

1도의 기적, 빨간 내복을 입자

겨울에 난방 온도를 1도 낮추는 것만으로도 이산화탄소 배출량을 엄청 줄일 수 있다. 지구를 지키는 히어로들의 패션은 너무 춥다. 빨간 내복이야말로 지구를 지키는 어벤저스급 패션 센스라는 사실!

빗물 저금통, 빗물을 사용하자

빗물은 식수로는 사용할 수 없지만, 생활수로는 재사용할 수 있다. 우리 학교 화단에 물을 줄 때 수돗물 대신 빗물을 사용해 보는 건 어떨까? 빗물 저금통을 사용하면 비 올 때 빗물을 모아 두었다가 필요할 때 사용할 수 있다. 학급 회의 시간에 손을 들어 제안해 보자. 멋진 선생님과 친구들이라면 내 말에 귀를 기울여 줄 거다. 분명히!

환경을 지키는 첫걸음, 탄소 발자국을 줄이자

땅 위를 걸으면 발자국이 남는 것처럼 우리가 생활하면서 지구의 기후변화에 끼친 영향을 '탄소 발자국'이라고 한다. 우리가 만든 탄소 발자국을 줄이려면 어떻게 해야 할까? '한국기후·환경네트워크' 홈페이지에 들어가면 '탄소 발자국 계산기'와 '탄소 발자국 기록장'이 있다. 내가 낸 탄소 발자국을 계산해 보고, 이 발자국을 줄이기 위한 실천을 기록해 보자.

좋은 건 알리고, 소문내고, 함께하자

기후위기에서 지구를 구하기 위해 필요한 이 모든 일을 친구, 가족에게 알리고 함께하자. 작은 행동이나 태도의 변화가 세상을 바꾼다.

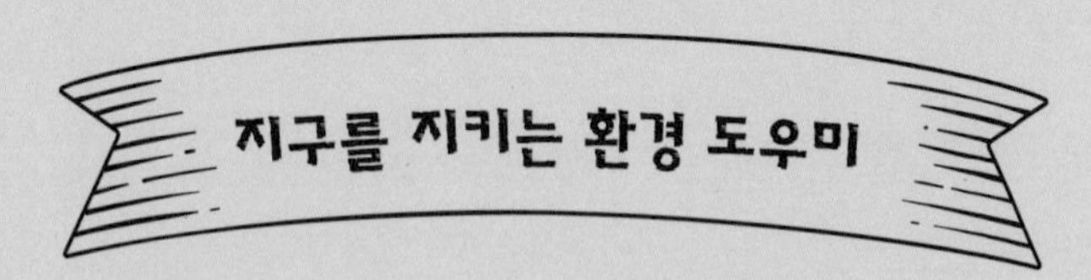

지구를 지키는 환경 도우미

단체	홈페이지	설명
세계자연보호기금(WWF)	www.worldwildlife.org www.wwfkorea.or.kr (한국 지부)	자연의 보존과 회복을 위해 세계 각국의 민간이 협력하는 국제 비정부기구
그린피스	www.greenpeace.org/international www.greenpeace.org/korea (한국 지부)	지구환경을 보존하고 세계 평화를 위한 활동을 벌이는 세계적인 환경보호 단체
환경운동연합	kfem.or.kr	환경오염과 생태계 파괴로부터 인간의 삶과 지구환경을 보호할 목적으로 결성된 우리나라 민간 환경 단체
녹색연합	www.greenkorea.org	생명 존중, 비폭력 평화 실현, 녹색 자치 등의 실현을 목표로 설립된 우리나라 민간 환경 단체
에너지 기후정책 연구소	ecpi.or.kr	에너지 체제를 기후 친화적이면서 정의로운 방식으로 전환할 수 있는 길을 연구하는 민간 환경 연구소

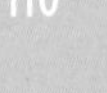

여성환경연대	ecofem.or.kr	모든 사람이 평등하게 자연과 더불어 살아가는 녹색 사회를 지향하고 녹색의 대안을 실천하는 사람들과 함께하는 민간 환경 단체
녹색소비자연대	www.gcn.or.kr	환경을 위한 소비자들의 작은 실천과 연대를 통해 환경친화적이고 지속 가능한 사회경제 체제로의 전환을 도모하는 민간 환경 단체
한국내셔널트러스트	nationaltrust.or.kr	시민들의 자발적인 자산 기증과 기부를 통해 보존 가치가 높은 자연환경과 문화유산을 확보하여 시민의 소유로 영구히 보전하고 관리하는 시민운동을 이끄는 민간 환경 단체
아름다운 가게	www.beautifulstore.org	시민들에게서 사용하지 않는 물품을 기증받아 저렴한 가격으로 재판매하고 판매 수익금은 어려운 이웃을 위해 사용하는 사회적 기업
굿윌 스토어	www.miralgoodwill.org	개인이나 기업의 기증품을 재가공해 소비자들에게 저렴하게 되파는 곳으로 장애인에게 일자리를 제공하는 사회적 기업
녹색교통운동	www.greentransport.org	자전거 이용 활성화와 저탄소차 보급 활성화를 위해 캠페인을 벌이며, 지구온난화 방지를 위한 온실가스 저감 대책에 앞서가는 시민운동

전국천만인 자전거타기 운동본부	www.cheonmanin.com	에너지 절약, 공해 방지, 도시 교통 문제 해결을 비롯해 시민들의 체력 향상과 건강 증진을 위해 자전거 생활교육과 자전거 교통권 확보 운동을 펼치고 있는 민간 단체
한국기후·환경네트워크	www.kcen.kr	민·관 협력을 통해 비산업 부문의 온실가스 감축을 위해 활동하는 거버넌스 기구
탄소 발자국 계산기	www.kcen.kr/tanso/intro.green	한국기후·환경네트워크 사이트에서 제공하는 프로그램
에어코리아	www.airkorea.or.kr	환경부에서 운영하며, 실시간 대기질, 미세먼지, 오존, 황사 등 대기오염도와 미세먼지 예보를 실시간으로 제공하는 시스템
기후변화홍보포털	www.gihoo.or.kr	한국환경공단에서 운영하며, 기후변화와 관련된 국내외 정책 동향과 최신 정보를 제공하는 시스템
기후정보포털	www.climate.go.kr	기상청에서 운영하며, 국내외 기후변화 정보 사이트 자료를 토대로 기후변화 과학 정보에 대한 이해를 돕는 시스템

지구를 이해하는 환경 수업

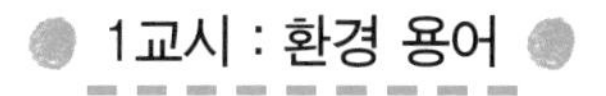

2교시 : 기후위기 Q&A

3교시 : 기후위기 퀴즈

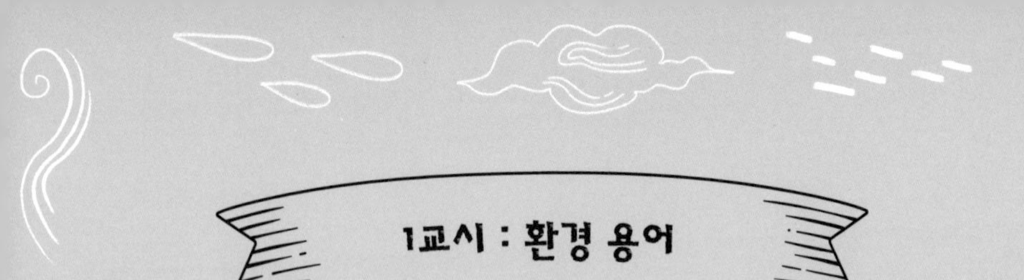

1교시 : 환경 용어

날씨와 기후

"오늘 날씨는 어때?"

"비가 와, 맑아, 바람이 불어, 추워, 더워……."

우리는 날씨와 관련된 대화를 일상적으로 주고받는다. 창밖을 내다보거나 기상 상황을 관찰하면 날씨가 어떤지 대답할 수 있다. 하지만 기후는 약간 다르다. '날씨'는 일시적인 기상 현상을 뜻하는 것이고, '기후'는 오랜 기간 동안의 지속적이고 평균적인 기상 현상을 뜻하기 때문이다. 오늘 날씨가 춥고, 눈이 내린다고 해서 내가 살고 있는 지역이 '추운 기후'라고 말할 수는 없다. 그저 "날씨가 춥고 기상 상황이 좋지 않다"고만 말할 수 있는 것이다. 한 지역의 기후를 정의하려면 평균 30여 년간의 자료들(온도, 강수량, 습도, 바람 등)을 살펴봐야 한다.

온실가스

온실에 들어가 본 적이 있다면 그 안이 굉장히 덥다는 사실을 경험했을 것이다. 유리를 통과한 태양열로 만들어진 열기가 밖으로 빠져나가지 못해서 온실 안 온도는 항상 높게 유지되기 때문이다. 이와 유사한 자연현상으로 인해 지구에서도 똑같은 일이 발생한다. 즉, 뜨거워진 지구 표면에서 나오는 에너지가 공기 중의 수증기와 이산화탄소 등에 흡수되어 지구 대기권 밖으로 빠져나가지 못하는 현상을 '온실효과'라고 한다. 또한 이산화탄소, 메탄, 이산화질소, 프레온, 오존 등 지구 대기를 오염시켜 온실 효과를 일으키는 가스를 '온실가스'라고 한다.

지구온난화

기계를 움직여 물건을 만들거나, 추위와 더위를 피하기 위해 냉난방을 하거나, 비행기나 자동차를 타고 이동하기 위해서 우리는 화석연

료를 사용한다. 화석연료의 사용이 늘어나면 온실가스의 배출도 증가하고 자연스럽게 기온도 올라간다. 온실가스가 쌓여 온실효과가 점점 심각해지면 실제로 지구 온도가 상승하게 되는 것이다. 이를 '지구온난화'라고 한다. 이러한 기후 상승은 지구 기후뿐만 아니라 생태계에도 큰 영향을 미친다.

기후위기

최근 국제사회에서는 '기후변화'가 아니라 '기후위기'라는 용어를 사용해야 한다는 목소리가 높아지고 있다. 2019년 5월 17일, 영국 일간지 〈가디언〉은 '기후변화(Climate Change)'라는 용어 대신 '기후위기(Climate Crisis)', '기후 비상사태(Climate Emergency)', '기후붕괴(Climate Breakdown)'라는 표현을 사용하겠다고 선언했다. 지구 기후가 단순히 변화하는 수준을 넘어 위기에 처해 있다는 과학자들의 견해를 바탕으로 현실을 좀 더 엄밀하고 정확하게 전달하기 위해서다.

기후 악당 국가

2016년 각국이 유엔에 제출한 온실가스 감축 계획을 평가하는 영국의 연구 기관 '기후 행동 추적(CAT)'은 1인당 온실가스 배출량 증가 속도가 빠르고 기후변화 대응이 미흡하다는 이유로 사우디아라비아, 호주, 뉴질랜드 그리고 한국을 '세계 4대 기후 악당'으로 꼽았다. 한국은 2019년 국가별 기후변화 대응 지수에서 100점 만점에 28.53점을 받아 60개국 중 57위를 차지했다.

화석연료

석유, 석탄, 천연가스(메탄) 등 재생 불가능한 에너지원을 말한다. 즉, 소모되고 마는 연료인 것이다. 죽은 유기체, 동식물의 잔해가 지하에 묻혀 수백만 년 동안 분해되고 화석화되어 만들어진 연료이기 때문에 '화석'이라고 부른다.

신재생 에너지

화석연료나 원자력 에너지가 아닌 새로운 에너지와 재생 가능 에너지를 함께 이르는 말이다. 화석연료를 대체하고 지구온난화 문제를 해결하기 위해 개발되었다. 태양광, 태양열, 풍력, 조수간만의 차를 이용한 소수력, 수소 연료전지, 폐기물 에너지 등을 포함한다.

착한 소비

물건을 만든 사람에게 정당한 대가가 돌아가는 공정무역 제품이나 친환경·유기농 제품 등 환경과 사람, 동물에게 해를 끼치지 않는 제품과 서비스를 구매하고 사용하는 행위를 말한다. 소비자가 지불하는 구매 비용의 일부를 사회적 약자를 돕는 데 사용하는 경우도 이에 해당한다. 윤리적 소비라고도 한다.

지속 가능성

생태계가 감당할 수 있는 범위 안에서 삶의 질을 추구해야 한다는 개념이다. 미래 세대가 쓸 환경과 자원을 손상시키지 않으면서 현재 세대의 필요를 충족해야 한다. 그레타를 비롯한 청소년들이 기후 위기에 대해 경고하며 지금 즉시 행동하자고 외치는 이유는 그들이 바로 미래 세대이기 때문이고, 현재 세대들이 지구환경을 지속 가능하게 사용하지 않고 있다는 문제 제기인 것이다.

생태 발자국

국가적인 차원에서든 개인적인 수준에서든 지구에서 이루어지는 모든 행동은 '생태 발자국'을 남긴다. 생태 발자국은 사용되는 모든 자원들(음식, 재료, 이동 수단, 폐기물 처리, 에너지 등)과의 충돌에서 생기는 흔적이다. 마치 거대한 발로 땅을 밟듯, 흔적이 크면 클수록 소비되는 지표면이 넓어진다. 생태 발자국 지표에서 가장 심각한 요소는 '탄소 발

자국'이다. 그레타처럼 채식을 하거나 이동할 때 자전거를 이용하면 탄소 발자국을 눈에 띄게 줄일 수 있다. 이러한 작은 실천은 지구를 살리는 데 큰 도움이 된다.

지속 가능한 발전을 위한 의제 2030

'지속 가능한 발전을 위한 의제 2030'은 "단 한 사람도 소외되지 않는 것"이라는 슬로건 아래, 2015년 유엔 회원국(193개국)이 지속 가능한 발전을 위한 17개 목표에 도달하기 위해 2016년부터 2030년까지 이행해야 할 내용을 담고 있다. 17개 목표는 빈곤 퇴치를 위한 내용부터 기후위기를 막기 위한 내용까지 전 세계적으로 중요한 문제들이 포함되어 있다.

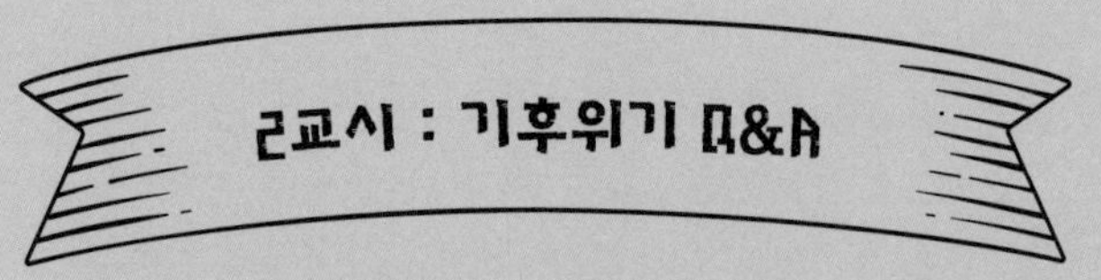

과거의 기후는 어땠을까?

고기후학(paleoclimatology) 학자는 어떤 일을 하는 사람일까? 고기후학의 단어를 잘 살펴보면 고생물학(paleontology)과 똑같은 접두어 'paleo-'가 붙어 있다는 걸 알 수 있다. 고생물학이 '공룡 화석'과 같은 고대 화석을 연구하는 학문인 것처럼 고기후학은 빙하, 화석, 바위나 식물을 분석해서 고대 기후를 연구하는 학문이다.

과거 우리 지구의 기후는, 태양의 다양한 활동, 지구궤도의 변화, 화산활동 같은 자연적인 이유로 수차례 급격한 변화를 겪었다. 수차례 찾아온 빙하기를 예로 들 수 있는데 마지막 빙하기는 1만 년 전에 끝났다. 빙하기 동안 여러 대륙의 넓은 지역이 완전히 빙하에 뒤덮였다.

왜 지금 지구 기후가 변하는 걸까?

오늘날 이야기하는 기후변화는 자연적인 이유 때문이 아니다. 홍수와 사막화 같은 피해와 재앙을 가져오는 평균기온 상승이 원인으로 그 책임은 모두 호모사피엔스에게 있다. 그런데 대체 우리 인간이 지구에서 무슨 일을 했기에 기후를 변화시킨 걸까? 그것을 이해하려면 온실가스부터 짚고 넘어가야 한다.

지구 기온은 얼마나 상승했을까?

과학자들의 계산에 따르면 지구의 평균온도는 최근 100년 동안 약 1도 상승했다. 대수롭지 않아 보이는 온도 상승은 사실 심각한 문제들을 일으킨다. 예를 들어 해수면 온도가 몇 도만 상승해도 토네이도나 폭우 같은 '극단적인 기후변화'가 자주 발생하는 원인이 된다. 상황을 개선하기 위해 아무 행동도 하지 않으면 평균기온 상승은 위험 수준을 넘을 수 있다. 2030년까지 1.5도, 21세기 말이면 3도까지 상승할

가능성이 있다.

지구 기온은 어떻게 측정할까?

지구 전체 기온을 온도계를 이용해 측정하기는 다소 어렵다. 그래서 과학자들은 육지와 바다의 온도를 측정하는 수많은 온도계로 기록된 자료를 수집하고, 분석하고, 특수 '기상관측기구'나 기상위성을 이용해 대기 온도를 확인한다.

기후변화를 어떻게 알 수 있을까?

기후학자들은 기온에 대한 자료를 수집하는 것 이외에도 빙하가 녹거나 해수면이 상승하거나 태풍 같은 기상이변이 일어나는 가시적인 현상들을 관찰한다. 기후변화와 습도 변화가 농작물 경작에 미친 결과를 확인하고, 수중 온도 변화에 상당히 민감한 산호초가 입은 피해

현상을 연구하기도 한다. 또 연구 모델을 만들고 모의실험을 한다.

우리는 기후 문제에 왜 관심을 가져야 할까?

2015년 12월 프랑스 파리에서 열린 '제21차 유엔 기후변화 협약 당사국 총회 본회의에서 당사국들은 온실가스 배출량을 단계적으로 감축하는 '파리 기후 협정'을 채택했다. 이처럼 세계는 이미 협정을 맺었는데 그레타는 왜 '미래를 위한 금요일'을 시작해서 전 세계인이 기후 문제에 관심을 갖게 만들어야겠다고 생각했을까? 많은 나라가 기후 협정문에 서명했지만, 실제로 온실가스 배출 감소를 위해 구체적으로 실행에 옮긴 것은 별로 없기 때문이다. 우리는 여전히 석유와 석탄을 채굴하고 있으며 드넓은 숲의 나무들을 베어 내고 대기를 오염시키는 교통수단을 이용한다. 게다가 너무 많이 소비하고 낭비하고 있다. 이것이 그레타가 목소리를 내기 시작한 이유다.

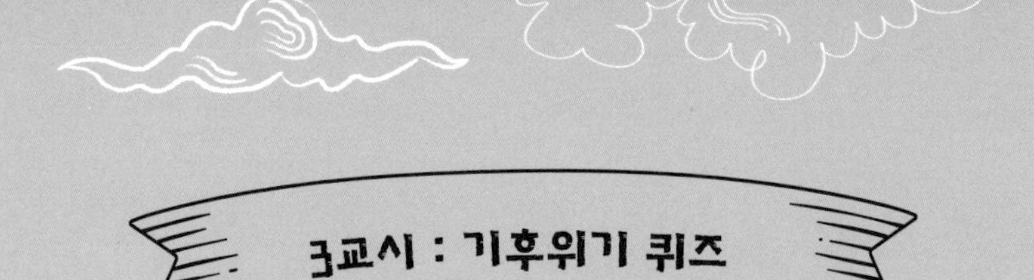

3교시 : 기후위기 퀴즈

화산 폭발은 지구 온도를 높인다

진실( ) 거짓( )

화산 폭발로 뜨거운 마그마가 분출되면 지구 온도가 높아질 것 같지만 실은 그 반대다. 강력하고 폭발적인 화산 분출은 도리어 기온을 낮춘다. 대기 중으로 화산재와 먼지를 '발사'시켜 지구에 도달하는 태양빛을 차단하기 때문이다.

정답 : 거짓

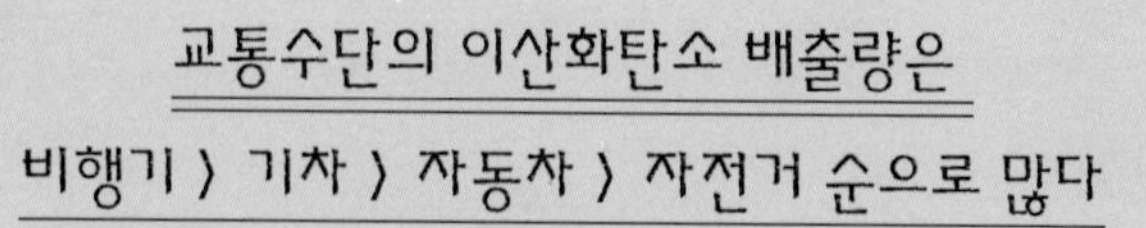

교통수단의 이산화탄소 배출량은 비행기 > 기차 > 자동차 > 자전거 순으로 많다

진실 ( ) 거짓 ( )

비행기가 가장 많은 이산화탄소를 배출하는 것은 맞지만, 그다음 순서는 자동차, 기차, 자전거다. 1킬로미터를 이동할 때 배출되는 이산화탄소의 양은 비행기 285g, 자동차 158g, 기차 14g이다. 그레타가 비행기나 자동차 대신 기차나 자전거를 주로 이용하는 이유도 이 때문이다. 최근 스웨덴에서는 그레타를 따라 비행기 여행을 반대하는 '플뤼그스캄(flygskam)' 운동이 일어나면서 비행기 이용객이 줄고 있다. '플뤼그스캄'은 '비행기 여행의 부끄러움'이라는 뜻이다. 스웨덴 SNS에서는 '#육상에 머물러라(#jagstannarpåmarken)'라는 해시태그를 흔히 볼 수 있다.

정답 : 거짓

육류를 적게 먹는 게 지구온난화를 막는 데 유용하다

진실 ( ) 거짓 ( )

놀랍게도 앞에서 살펴본 모든 교통수단이 배출하는 이산화탄소보다 축산업이 배출하는 이산화탄소가 더 많다는 사실을 알고 있는가? 전체 이산화탄소 배출량 중 교통수단이 배출하는 이산화탄소가 13.5퍼센트인 반면, 축산업은 18퍼센트를 차지한다. 육류 소비가 늘어나면 늘어날수록 셀 수 없이 많은 가축을 사육해야 한다. 가축을 사육하는 데는 상당한 자원(특히 어마어마한 물)과 에너지가 필요할 뿐만 아니라 온실가스 배출도 막대하다. 특히 소고기 생산은 놀랄 만큼 많은 탄소 발자국을 남긴다. 소의 방귀는 메탄가스를, 배설물은 아산화질소를 배출한다. 심지어 소가 트림만 해도 메탄가스가 나온다고 하니, 육식 위주의 식습관을 바꿔 보도록 하자.

정답 : 진실

기후위기는 정치인 또는 기후학자들이 해결해야 할 문제다

진실( ) 거짓( )

기후위기는 우리 모두와 관련 있는 문제다. 그래서 그레타뿐만 아니라 많은 환경 단체가 적극적인 행동으로 전 세계 사람들에게 함께하자는 메시지를 전달하고 있는 것이다. 그러나 온실가스 배출 감축을 위한 규정을 마련하거나, 화석연료 대신 지속 가능한 에너지원을 개발하는 등 국가적·국제적인 차원에서 결정권자나 전문가가 해결해야만 하는 많은 문제가 있는 것 또한 사실이다. 그러므로 결정권자들이나 전문가들이 기후 문제의 심각성을 알고, 기후위기를 걱정하는 사람들의 목소리에 귀 기울일 수 있도록 행동해야 한다.

정답 : 거짓

참고 자료

〈그레타의 주요 연설〉

스웨덴 스톡홀름, 기후를 위한 행진, 2018년 9월 8일

핀란드 헬싱키, 기후를 위한 행진, 2018년 10월 20일

영국 런던, 멸종 반란, 2018년 10월 31일

스웨덴 스톡홀름, 테드(TED), 2018년 11월 24일

폴란드 카토비체, 제24차 유엔 기후변화 협약 당사국 총회, 2018년 12월 4일

스위스 다보스, 세계 경제 포럼, 2019년 1월 25일

스웨덴 스톡홀름, 전 세계 청소년 기후 행동, 2019년 3월 15일

프랑스 스트라스부르, 유럽의회, 2019년 4월 16일

이탈리아 로마, 미래를 위한 금요일, 2019년 4월 19일

프랑스 파리, 하원, 2019년 7월 23일

〈참고 도서〉

그레타 툰베리·스반테 툰베리·베아타 에른만·말레나 에른만, 『우리 집이 불타고 있어요』, S. 카나베로·A. 스트린게티·T. 알바네제 옮김, 몬다도리 출판사, 2019년

〈참고 기사〉

데이빗 크라우치, 「기후위기를 타개하기 위해 등교 거부한 15세 스웨덴 소녀」, 〈가디언〉, 2018년 9월 1일

미켈레 파리나, 「그레타의 기후를 위한 등교 거부 "어른들은 우리 미래에 침을 뱉고 있어요"」, 〈코리에레 델라 세라〉, 2018년 9월 2일

얍 틸베케, 「기후가 중요한 사람에게」, 〈더 흐루너 암스테르다머르〉, 2018년 11월 28일

산드로 오를란도, 「우리의 그레타, 우리의 일과 자동차와 식습관을 바꿔 놓은 기후의 여전사」, 〈코리에레 델라 세라〉, 2019년 1월 23일

카린 세발로스 벤타쿠르, 「그레타 툰베리, 새로운 세상」, 〈디 차이트〉, 2019년 1월 31일

막스밀리안 프롭스트, 「무한한 잠재력」, 〈디 차이트〉, 2019년 2월 1일

샌드라 라빌, 「"난 정말 분노해요" 기후를 위해 등교 거부를 한 13세 소녀」, 〈가디언〉, 2019년 2월 8일

스텔라 폴, 「희망 부대」, 〈몬디알 니우스〉, 2019년 2월 14일

매슈 테일러, 「UK 학생들 기후위기를 위한 세계적 등교 거부 시위에 동참」, 〈가디언〉, 2019년 2월 15일

소미니 셍굽타, 「"눈에 띄지 않는 소녀"에서 난관을 헤쳐 나가는 글로벌 기후 활동가로」, 〈뉴욕 타임스〉, 2019년 2월 18일

레슬리 후크, 「FT, 그레타 툰베리와의 점심 "난 항상 눈에 띄지 않는 아이였어요"」, 〈파이낸셜 타임스〉, 2019년 2월 22일

산드로 오를란도, 「미리암 마르티넬리와의 인터뷰 "결석이요? 평균 8점이지만 유급할 수도 있어요. 난 채식주의자가 되는 중이에요"」,

〈코리에레 델라 세라〉, 2019년 3월 14일

그레임 웨어든·다미안 캐링턴, 「10대 활동가 다보스에서의 기후 활동을 위해 학교 파업을 하다」, 〈가디언〉, 2019년 1월 25일 금요일, 2019년 3월 19일

사라 간돌피, 「그레타 툰베리 "나는 반항적이고 사교성도 별로예요. 연설문은 나 혼자 써요"」, 〈코리에레 델라 세라〉, 2019년 4월 19일

- 64쪽 지도 그래픽은 그래픽디자이너 대니얼 스턴이 재구성했다. © ekler/Shutterstock

- 73쪽 '세계 경제 포럼' 연설과 91쪽 '테드' 강연 내용은 『우리 집이 불타고 있어요』(그레타 툰베리 외 3인 지음, 몬다도리 출판사, 2019년)에서 발췌했다. 그 외 수록된 그레타의 말은 저자가 다른 책과 기사 등을 참고하고 번역한 것이다.

- 92~94쪽에 실린 노래 〈이제 시간이 없어〉(테트 드 브아)는 사라 제인 체카렐리, 지아드 트라벨시가 참여해서 만든 곡으로, 잔프랑코 마시아와 '미래를 위한 금요일' 활동가들, 안젤로 펠리니, 조르조 마리아 콘데미와 스트라스투디오 디 잔니 이스트로니의 도움을 받았다.

- 부록에 실린 '기후' 자료는 엘레나 가티가 편집했고, 그중 한국 사례와 자료는 도서출판 우리학교에서 보완했다.

미래를 바꾸는 **소녀** 환경 운동가

열여섯 그레타, 기후위기에 맞서다

초판 1쇄 펴낸날 2019년 10월 4일
초판 6쇄 펴낸날 2021년 11월 23일

지은이 | 비비아나 마차
그린이 | 엘리사 마첼라리
옮긴이 | 이현경
펴낸이 | 홍지연
펴낸곳 | ㈜우리학교

편집 | 김영숙 고영완 소이언 정아름 김선현 전희선
디자인 | 남희정 박태연
마케팅 | 강점원 최은 이희연
관리 | 정상희
인쇄 | 에스제이 피앤비

등록 | 제313-2009-26호(2009년 1월 5일)
주소 | 03992 서울시 마포구 동교로23길 32 2층
전화 | 02-6012-6094
팩스 | 02-6012-6092
홈페이지 | www.woorischool.co.kr
이메일 | woorischool@naver.com

ISBN 979-11-90337-01-4 43330

• 책값은 뒤표지에 적혀 있습니다.
• 잘못된 책은 구입한 곳에서 바꾸어 드립니다.